BEI GRIN MACHT SICH IHR WISSEN BEZAHLT

- Wir veröffentlichen Ihre Hausarbeit,
  Bachelor- und Masterarbeit

- Ihr eigenes eBook und Buch -
  weltweit in allen wichtigen Shops

- Verdienen Sie an jedem Verkauf

Jetzt bei www.GRIN.com hochladen
und kostenlos publizieren

Bibliografische Information der Deutschen Nationalbibliothek:

Bibliografische Information der Deutschen Nationalbibliothek: Die Deutsche Bibliothek verzeichnet diese Publikation in der Deutschen Nationalbibliografie; detaillierte bibliografische Daten sind im Internet über http://dnb.d-nb.de/ abrufbar.

Copyright © 2007 GRIN Verlag GmbH
Druck und Bindung: Books on Demand GmbH, Norderstedt Germany
ISBN: 9783869431338

http://www.examicus.de/e-book/186359/optimierung-und-performancesteigerung-bei-der-generierung-von-vhdl-modellen

Christoph Holzbaur

Optimierung und Performancesteigerung bei der Generierung von VHDL-Modellen analoger Schaltungen

Examicus Verlag

Diplomarbeit

Optimierung und Performancesteigerung bei der Generierung von VHDL-Modellen analoger Schaltungen

Christoph Holzbaur

Technische Universität Darmstadt

30. Juni 2007

Technische Universität Darmstadt

Fachgebiet Rechnersysteme

Inhaltsverzeichnis

Inhaltsverzeichnis   3

Abbildungsverzeichnis   5

1   Einleitung   6
   1.1   Formale Verifikation analoger Schaltungen   6
   1.2   Das bestehende Programm   9

2   Ziele dieser Diplomarbeit   10
   2.1   Vergleichbarkeit mit den Ergebnissen anderer Arbeiten   10
   2.2   Ausnutzung des Zustandsraums   11
   2.3   Maximale Anzahl an Zuständen   11
   2.4   Rechenzeit   12

3   Vergleichbarkeit zu anderen Arbeiten herstellen   13
   3.1   Mehrere Startpunkte   13
   3.2   Neue Methode zur Berechnung der Nachfolger   13
   3.3   Wiederverwendung der Ergebnisse   16

4   Bessere Verwendung der verfügbaren Zustandsanzahl   20
   4.1   Adaptive Anpassung des Zustandsraums   20
   4.2   Eingrenzung des Zustandsraums   22

5   Optimierung der Speicherorganisation   26
   5.1   Einführung in die Speicherverwaltung von C++   26
     5.1.1   Structs   26
     5.1.2   Stack und Heap   27
     5.1.3   Vektoren, Listen und die STL   28

5.2   Die Speicherorganisation vor Beginn der Arbeit 30

5.3   Umstrukturierung der Felder 34

5.4   Einführung einer dynamischen Speicherverwaltung 36

5.5   Auslagerung der Übergänge in eine Datei 39

5.6   Die neue Speicherorganisation 41

6 Optimierung der Rechenzeit   **43**

6.1   Frühe Anpassung des Zeitfaktors 44

6.2   Optimierungen der Nachbarschaftsprüfung 45

6.2.1   Optimierung der Schleifen 45

6.2.2   Optimierungen bei der Berechnung der Nachbarschaft 48

6.3   Speicherung der Endergebnisse in einer Datei 53

7 Fazit   **54**

Literaturverzeichnis   **56**

Anhang   **57**

A Die Beispiel-Dateien   **58**

Abbildungsverzeichnis

1.1 Zustandsraum für eine RLC-Schaltung mit Eingangsspannung. . . .   7

1.2 Metazustand für eine RLC-Schaltung mit Eingangsspannung   8

3.1 Erreichbare Zustände eines Schwingkreises   14

3.2 Beispiel mit zwei Startpunkten   15

3.3 Ein ungedämpfter Schwingkreis mit Startpunkt (neue Methode) . .   17

3.4 Aufbau der Datei „Startpunkt.txt"   18

4.1 Ein ungedämpfter Schwingkreis mit einem Startpunkt   21

4.2 Adaptiv angepasster Zustandsraum   23

4.3 Adaptiv angepasster Zustandsraum mit Übergängen   24

4.4 Eingrenzung des Zustandsraums   25

5.1 Die Aufteilung des Arbeitsspeichers   28

5.2 Container   29

5.3 Verwendung des Stacks   31

5.4 Speicherung der Übergänge   40

6.1 Zustandsraum des Debug-Beispiels   44

6.2 Verhalten des Faktors f abhängig von g   46

6.3 Ablauf der Übergangsberechnung (vorher)   49

6.4 Ablauf der Übergangsberechnung (optimiert)   50

6.5 Teilung eines Zustands   52

7.1 Zustandsraum mit 6,5 Millionen Zuständen   55

A.1 Schaltung eines ungedämpften Schwingkreises   58

1 Einleitung

In Schaltkreisen mit einem digitalen sowie analogen Anteil entstehen 50% der Fehler im analogen Bereich der Schaltung[6]. Ein möglicher Ansatz um diese Fehler frühzeitig zu finden, ist die formale Verifikation der analogen Schaltung. Die Entwicklung dieses Ansatzes befindet sich noch in der Anfangsphase und man stößt häufig auf Schwierigkeiten, die die Forschung in diesem Bereich erschweren. Einige dieser Probleme sollten im Zuge dieser Diplomarbeit an der Technischen Universität Darmstadt untersucht und beseitigt werden.

Die Arbeit baut auf einem Programm auf, das einen Schaltkreis in das entsprechende VHDL-Modell zur späteren formalen Verifikation überführt. Dieses Programm wurde an der Technischen Universität in Darmstadt im Fachbereich Rechnersysteme entwickelt. Es basiert auf der Arbeit von Hartong[3, 4] und wird in den Arbeiten von Ehrenfried[1], Holzbaur[5] und Scholz[7] ausführlich beschrieben.

In den folgenden Kapiteln wird zunächst kurz auf die Grundlagen der formalen Verifikation analoger Schaltungen (Kapitel 1.1) und auf den derzeitigen Entwicklungsstandes des Programms (Kapitel 1.2) eingegangen. Kapitel 2 zählt die Ziele auf, die mit dieser Arbeit erreicht werden sollen. Die Herangehensweise an diese Ziele und die erreichten Erfolge werden darauhin in Kapitel 3 bis 6 beschrieben.

1.1 Formale Verifikation analoger Schaltungen

In diesem Text wird nur auf die Grundlagen der formalen Verifikation analoger Schaltungen eingegangen. Eine ausführliche Beschreibung findet sich in Ehrenfried[1], Hartong[3, 4], Holzbaur[5] und Scholz[7].

Ein bekanntes Verfahren der formalen Verifikation von digitalen Schaltkreisen ist das Model-Checking. Damit dieser Ansatz auch auf analoge Schaltungen angewandt werden kann, ist es notwendig die Schaltung in einen Zustandsautomaten zu überführen. Hierfür muss die Schaltung und ihr Zustandsraum in diskrete Zustände und Übergänge transformiert werden.

Zur Herstellung des Zustandsautomaten sind folgende Schritte notwendig:

1. Bestimmung des Zustandsraums;

2. Begrenzung des Zustandsraums auf eine endliche Ausdehnung;

3. Diskretisierung des Zustandsraums auf eine endliche Zahl an Zuständen;

4. Erzeugung der Übergänge zwischen den Zuständen.

Bestimmung des Zustandsraums: Ein Zustand eines Schaltkreises wird eindeutig durch alle Eingangsspannungen bzw. -ströme sowie anhand der Spannungen an den Kondensatoren und den Strömen durch die Spulen beschrieben. Somit fügt dem Raum der möglichen Zustände jeder Eingangswert, jede Spule und jeder Kondensator eine weitere Dimension hinzu. Abbildung 1.1 zeigt den Zustandsraum einer RLC-Schaltung mit einer Eingangsspannung.

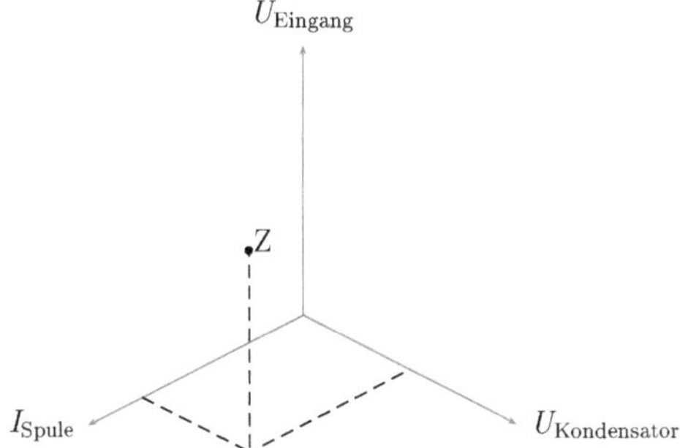

Abbildung 1.1: Zustandsraum für eine RLC-Schaltung mit Eingangsspannung. Quelle: Holzbaur[5]

Begrenzung des Zustandsraums: Es ist möglich den Zustandsraum in jeder Dimension durch Ober- und Untergrenzen zu beschreiben, da jedes Bauteil nur unter bestimmten Bedingungen arbeiten kann.

Erzeugung der Übergänge zwischen den Zuständen: Die unendlich möglichen Zustände des Zustandsraums müssen zu einer endliche Menge an Metazuständen zusammengefasst werden. Besonders praktisch ist es, bei einem n-dimensionalen Raum n-dimensionale Metaboxen als Metazustände zu wählen. Somit kann der Zustandsraum lückenlos und ohne Überschneidungen gefüllt werden. In Abbildung 1.2 ist ein solcher Metazustand für mehrere Zustände dargestellt. Im weiteren Verlauf des Textes wird der Begriff Zustand synonym für Metazustände verwandt werden, da für die formale Verifikation der Schaltung nur die Metazustände interessant sind.

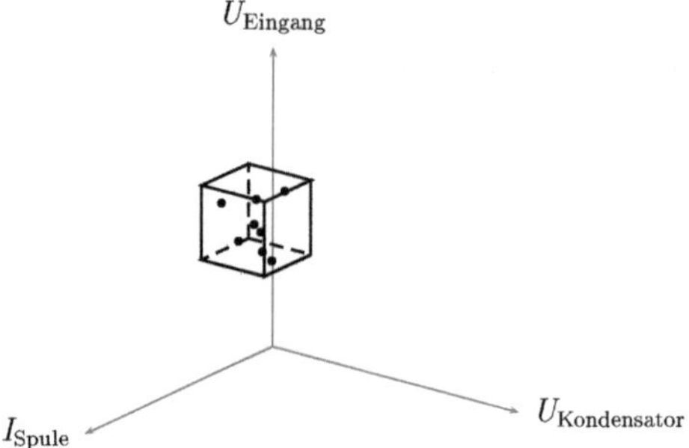

Abbildung 1.2: Metazustand für eine RLC-Schaltung mit Eingangsspannung

Erzeugung der Übergänge zwischen den einzelnen Zuständen: Innerhalb eines Zustands kann man Testpunkte erzeugen, und das Verhalten der Schaltung für diese Punkte simulieren. Dieses Verhalten kann durch Pfeile graphisch dargestellt werden. Verweist einer der Pfeile auf einen anderen Zustand wird davon ausgegangen, dass ein entsprechender Übergang existiert. Die Anzahl an Pfeilen, welche für denselben Übergang stehen ist die Berechnungsgrundlage für die Wahrscheinlichkeit dieses Übergangs.

1.2 Das bestehende Programm

Dieses Kapitel beschränkt sich auf eine kurze Beschreibung der Möglichkeiten des Programms, da die Funktionsweise des verwendeten Programms bereits in Holzbaur[5] ausführlich beschrieben wurde.

Das hier verwandte Programm erzeugt für eine Schaltung ein VHDL-Model, das zur späteren Verifikation eingesetzt werden kann. Es zeichnet sich durch folgende Eigenschaften aus:

- Theoretisch unbegrenzte Anzahl an Dimensionen,
- Periodische Eingangssignale sind möglich,
- Digitale Eingangssignale sind möglich,
- Berechnungen von einem einzelnen Startpunkt aus sind möglich.

Für eine sinnvolle und homogene Aufteilung des Zustandsraums vergleicht das Programm die Struktur des Zustandsraums mit dem Systemverhalten der Schaltung. Hierbei vergleicht es

- die Beträge der Testpfeile eines Zustands untereinander,
- den Betrag der Testpfeile eines Zustands mit der Ausdehnung des Zustands,
- die Winkel der Testpfeile eines Zustands untereinander und
- den Winkel der Testpfeile eines Zustands mit den Ausdehnungen des Zustands.

Während der Erzeugung der Übergänge ist das Programm in der Lage die beteiligten Zustände auf Nachbarschaft zu überprüfen und den Zeitfaktor dynamisch an die Gegebenheiten anzupassen, sodass keine Zustände übersprungen werden.

2 Ziele dieser Diplomarbeit

In den folgenden Kapiteln werden die wichtigsten Ziele dieser Diplomarbeit beschrieben. Hierzu gehört

- die Vergleichbarkeit der Ergebnisse des Programms mit denen anderer Arbeiten zu verbessern,

- die Verwendung des Zustandsraums zu optimieren,

- die maximal mögliche Anzahl an Zuständen zu erhöhen und

- das vorliegende Programm bezüglich der Rechenzeit zu optimieren.

2.1 Vergleichbarkeit mit den Ergebnissen anderer Arbeiten

Da mehrere Arbeiten über das Thema „Verifikation von analogen Schaltungen"
existieren, war ein Ziel der Arbeit das vorliegende Programm umzugestalten, damit
es mit den Implementierungen der anderen Arbeiten bestmöglich vergleichbar wird.
Hierzu sollte untersucht werden, welche Funktionen für eine Gegenüberstellung von
Ergebnissen noch zu implementieren sind. Die hierfür notwendigen Modifikationen
werden in Kapitel 3 beschrieben.

2.2 Ausnutzung des Zustandsraums

Die Anzahl an erzeugbaren Zuständen ist aufgrund des begrenzten Speicherplatzes ein limitierender Faktor. Es ist zu untersuchen, welche Möglichkeiten bestehen den gegebenen Zustandsraum bestmöglich aufzuteilen.

Da jeder verwandte Zustand eine gewisse Menge an Speicherplatz belegt, sind die zur Verfügung stehenden Zustände bestmöglich an das Verhalten des Systems anzupassen. In Kapitel 4 wird dieser Sachverhalt genauer behandelt werden.

2.3 Maximale Anzahl an Zuständen

Das zu Beginn der Arbeit vorliegende Programm war nicht in der Lage ein VHDL-Modell mit mehr als ungefähr 10.000 Zuständen zuverlässig zu erzeugen. Bei dem Versuch ein Modell mit mehr Zuständen berechnen zu lassen, brach das Programm während der Kompilierung mit einer Fehlermeldung ab.

Für eine optimale Beschreibung des Systemverhaltens, ist es notwendig so viele Zustände wie möglich zu erzeugen. Je höher die Anzahl der erzeugten Zustände ist, desto höher ist die erreichbare Auflösung. Dabei ist zu beachten, dass für jede Spule, jeden Kondensator und jeden Eingangswert die Dimension des Zustandsraums der Schaltung um 1 größer wird. Somit steigt die Anzahl, der für eine gute Auflösung des Systemverhaltens benötigten Zustände, exponentiell mit der Zahl der verwendeten Dimensionen an. Bereits bei einem Schaltkreis mit zwei Spulen und zwei Kondensatoren ist es mit 10^4 verfügbaren Zuständen nicht möglich ein Modell mit mehr als zehn Zuständen pro Dimension zu erzeugen.

Daraus leiten sich die Ziele ab, zum einem den Grund für die Limitierung der Zustandszahl zu identifizieren und zum anderen die maximale Anzahl an Zuständen so groß wie möglich zu machen. Die hierfür erforderlichen Änderungen am Programm werden in Kapitel 5 erläutert.

2.4 Rechenzeit

Während der Arbeit zeigten einige Tests, dass die Rechenzeit bestimmter Programmteile nahezu quadratisch von der Anzahl der zu berechnenden Zustände abhängt. Wenn man demnach in der Lage wäre, mehr als 10.000 Zustände zu erzeugen, würde die Berechnung der VHDL-Dateien eine erhebliche Zeit in Anspruch nehmen. Das Programm sollte folglich so weit wie möglich hinsichtlich der Rechenzeit optimiert werden. Einen Einblick auf die erreichten Erfolge und die dazu notwendigen Modifikationen liefert Kapitel 6.

3 Vergleichbarkeit zu anderen Arbeiten herstellen

Um die Vergleichbarkeit der Ergebnisse des Programms mit denen anderer Arbeiten zu gewährleisten, wurden einige Modifikationen vorgenommen. Die wichtigsten von ihnen werden im Folgenden erläutert.

3.1 Mehrere Startpunkte

In der Arbeit von Frehse et al.[2] wird beschrieben, wie ein eingeschwungener Schwingkreis vereinfacht verifiziert werden kann. Anstatt eines einzelnen Startpunktes wählen sie eine Menge an Startpunkten und beweisen, dass die Schaltung nach einer gewissen Zeit wieder in dieser Menge endet (vgl. Abbildung 3.1).

In dem hier verwendeten Programm ist es nun nun ebenfalls möglich mehrere Startbereiche zu definieren um so eine Vergleichbarkeit mit den Arbeiten von Frehse et al. zu ermöglichem. Abbildung 3.2 zeigt die graphische Ausgabe des Programms für ein Beispiel mit zwei Startpunkten.

3.2 Neue Methode zur Berechnung der Nachfolger

Ein wichtiger Punkt bei der Berechnung mit Startbereichen ist die Auswahl der Nachfolger. Die in [5] beschriebene Methode ist für die meisten Schaltkreise sinnvoll, aber sie ist nur eine von mehreren möglichen Herangehensweisen. Da nicht

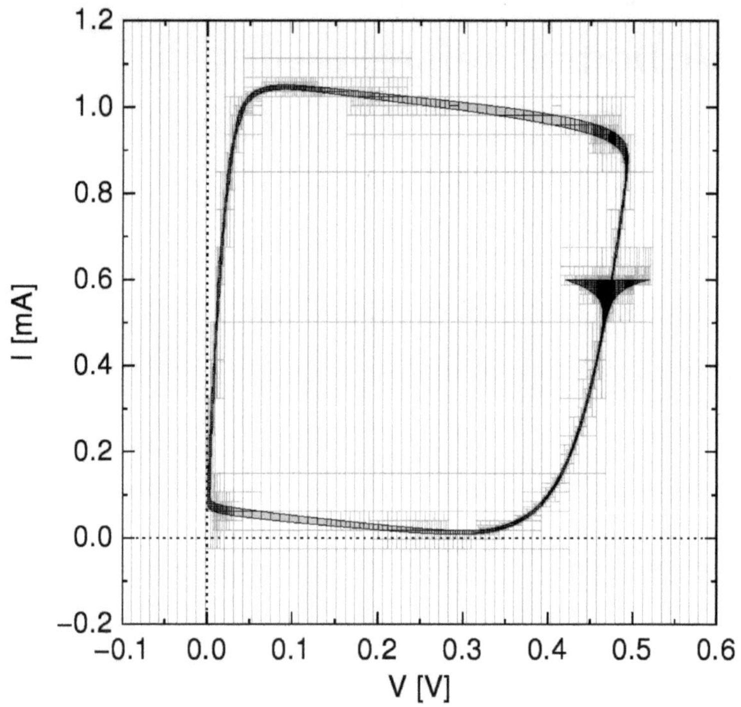

Abbildung 3.1: Erreichbare Zustände eines Schwingkreises
Quelle: Frehse et al.[2]

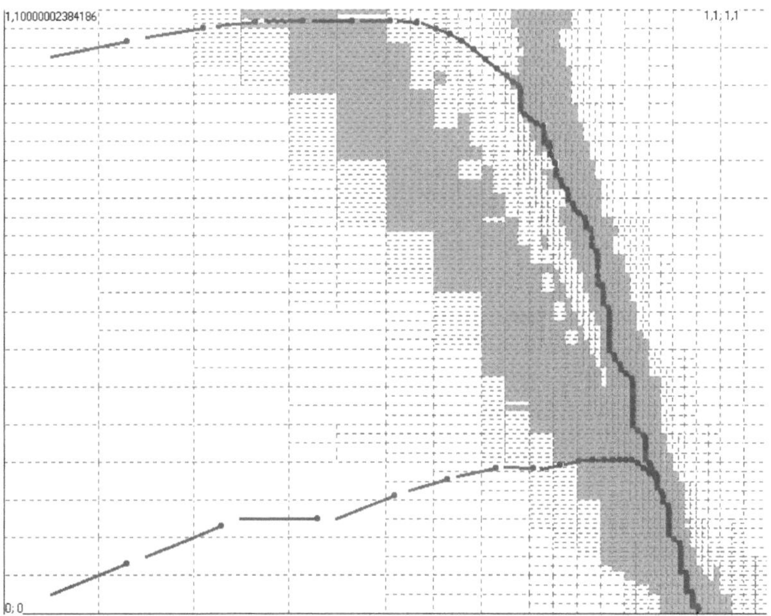

Abbildung 3.2: Beispiel mit zwei Startpunkten

bekannt ist, welche Verfahren in anderen Arbeiten verwendet worden sind, wurde das Programm um eine weitere Methode zur Berechnung der Nachfolger erweitert.

Das bisherige Verfahren basierte auf mehreren Annahmen, die die Wahrscheinlichkeiten für einen Übergang manipulierten. Die neu implementierte Methode hat einen graphischen Aspekt und folgt der Grundidee:

> *Wenn die Pfeile eindeutig in eine bestimmte Richtung zeigen soll der Schaltkreis ebenfalls in diese Richtung fortschreiten.*

Die Richtung der Pfeile wurde als durchschnittliche Richtung aller Pfeile eines Zustands definiert.

Die Richtung eines Übergangs ist die Richtung der Mittelpunktsverbindung der beiden einem Übergang beteiligten Zustände.

Die Richtung des Durchschnittspfeils wird folglich mit der Richtung der Mittelpunktsverbindungen aller möglichen Übergänge verglichen. Es werden solange die besten Übergänge ausgewählt, bis die kumulierte Wahrscheinlichkeit der Übergänge eine vorgegebene Mindestwahrscheinlichkeit erreicht.

Die neue Methode funktioniert bei den meisten Tests ebenso gut wie die voherige und komplexere Version. Abbildung 3.3 zeigt denselben Schaltkreis wie Abbildung 4.1 jedoch mit der neuen Version zur Berechnung der Nachfolger. Es bleibt abzuwarten, ob die verschiedenen Methoden bei anderen Beispielen unterschiedlich gute Ergebnisse erzielen.

3.3 Wiederverwendung der Ergebnisse

Um die Vergleichbarkeit zu prüfen, mussten die Beispiele häufig mit verschiedenen Startpunkten neu berechnet werden. Bisher wurden die verwendeten Startpunkte im Programmtext festgeschrieben und konnten später nicht wieder verändert werden.

Die erzeugten Zustände und Übergänge wurden bisher für jede Rechnung mit einem neuen Startpunkt neu ermittelt. Da das C++ Programm bei jeder Berechnung

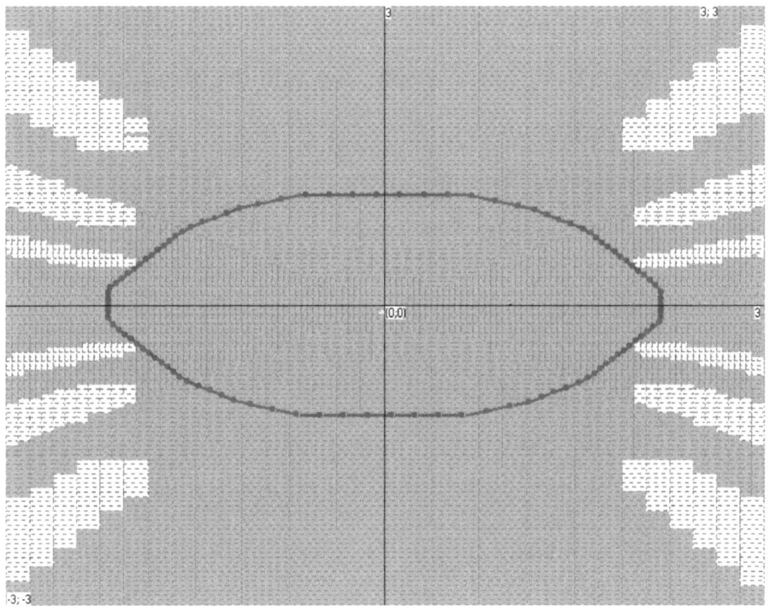

Abbildung 3.3: Ein ungedämpfter Schwingkreis mit Startpunkt (neue Methode)

alle Zustände und Übergänge erzeugte,[1] sollte eine mehrfache Verwendung der Ergebnisse ermöglicht werden.

Das Programm wurde in der Art modifiziert, dass die Berechnungen nur noch einmal durchgeführt werden müssen und die Werte daraufhin für mehrere Tests mit verschiedenen Startbereichen verwendet werden können. Hierfür müssen die neuen Startbereiche nur noch in die Datei „Startpunkt.txt" gespeichert werden. Diese Datei wird bei Bedarf vom Programm ausgelesen um die VHDL-Datei mit diesen Startpunkten neu zu erzeugen.

Die Datei „Startpunkt.txt" muss folgendermaßen aufgebaut sein:

- Alle Informationen werden in eine Zeile geschrieben.

- Als Trennzeichen dient ein Abstand.

- Der erste Wert ist die gewünschte Anzahl an Startbereichen.

- Die weiteren Werte sind für jede Dimension die Unter- und die Obergrenze der Startbereiche.

- Um keinen Bereich, sondern einen Punkt als Startwert zu wählen, werden Ober- und Untergrenzen gleichgesetzt.

Wenn man z.B. im zweidimensionalen Raum den Startpunkt (1,2) und zusätzlich den Startbereich, der durch die Punkte (0,0) und (0.5,4) aufgespannt wird, angeben will, hat dies die in Abbildung 3.4 gezeigte Form.

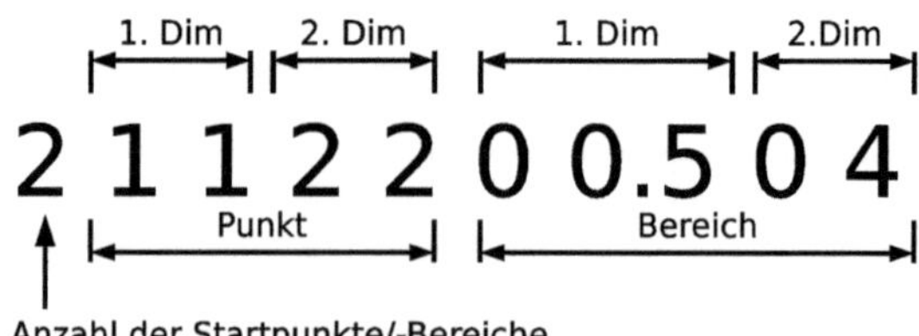

Abbildung 3.4: Aufbau der Datei *„Startpunkt.txt"*

---

[1]Nicht alle Zustände und Übergänge werden in die VHDL-Datei übernommen.

Durch diese Modifikation kann man beliebig viele Startpunkte und -bereiche festlegen und sie bei Bedarf ändern, ohne dass die Zustände oder Übergänge neu berechnet werden müssen.

4 Bessere Verwendung der verfügbaren Zustandsanzahl

Obwohl durch die in [5] beschriebenen Änderungen am Programm die Verwendung des Zustandsraums bereits verbessert wurde, war die Verteilung der Zustände nicht optimal. Um eine bessere Verteilung zu erreichen, sollte der bisherige Ansatz erweitert werden.

4.1 Adaptive Anpassung des Zustandsraums

In [5] wird die Möglichkeit beschrieben, ein VHDL-Modell zu erzeugen, das nur diejenigen Zustände betrachtet, die von einem Startpunkt aus erreicht werden können (vgl. Abbildung 4.1). Mit dieser Methode kann man leicht erkennen, welche Zustände erreichbar sind, jedoch kann man nicht den gesamten Zustandsraum verifizieren. Allerdings sind die in [5] beschriebenen Methoden dazu geeignet den Zustandsraum besser als bisher einzuteilen.

Die bisherige Idee bestand darin Zustände, die mit einer geringen Wahrscheinlichkeit erreicht werden, nicht in die VHDL-Datei zu übernehmen. Der neue Ansatz sollte

1. den gesamten Zustandsraum betrachten,

2. die Startpunktmethode verwenden, um die wahrscheinlichsten Zustände zu ermitteln und

3. die wahrscheinlichen Zustände feiner aufteilen als die unwahrscheinlichen.

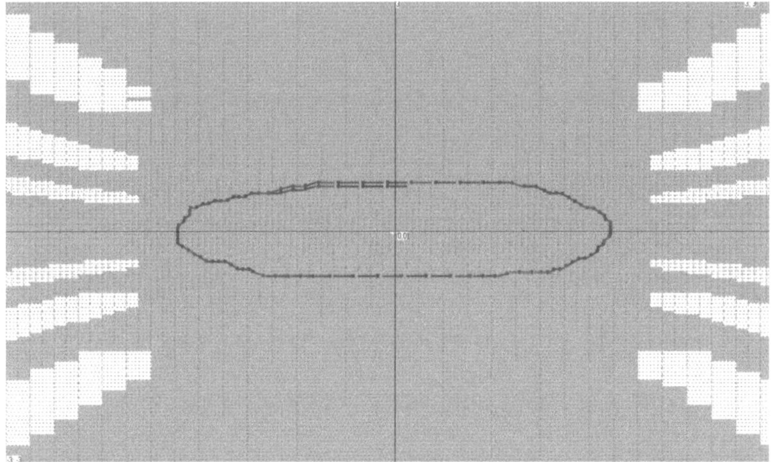

Abbildung 4.1: Ein ungedämpfter Schwingkreis mit einem Startpunkt

Dieses Vorhaben machte es notwendig die bisherige Zustandsaufteilung in die Teile
Homogenitätsvergleiche und *Zustandsabmessungsvergleiche* zu spalten, die daraufhin an verschiedenen Stellen des Programms verwendet werden können:

1. Die Homogenitätsvergleiche sollten weiterhin den Zustandsraum grob einteilen.

2. Die Zustandsabmessungsvergleiche sollen jedoch nur noch die wahrscheinlichen Zustände verfeinern.

Da die Ermittlung der wahrscheinlichen Zustände frühestens während der Berechnung der Übergänge möglich ist, wurde der Ablauf des Programms modifiziert. Das
Programm führt vereinfacht dargestellt nun folgende Schritte durch:

Schritt 1: Die Zustandsraumaufteilung wird ohne die in [5] beschriebenen Zustandsabmessungsvergleiche durchgeführt.

Schritt 2: Die Startzustände werden ermittelt und mit den Zustandsabmessungsvergleichen bestmöglich verfeinert.

Schritt 3: Es wird mit den Methoden aus [5] untersucht, welche Zustände erreicht
werden können.

Schritt 4: Die neuen Zielzustände werden bei Bedarf ebenfalls mit den Zustandsabmessungsvergleichen einmalig verfeinert.

Schritt 5: Wenn ein Zielzustand in Schritt 4 geteilt werden musste, werden die
neuen Übergänge verworfen. Die Schritte 3 und 4 werden wiederholt, bis die
Zielzustände nicht mehr geteilt werden.

Schritt 6: Die Schritte 3 bis 5 werden wiederholt, bis keine neuen Zielzustände
mehr gefunden werden.

Schritt 7: Der Zustandsraum ist vollständig aufgeteilt. Jetzt werden alle Übergänge aus allen Zuständen des Zustandsraums berechnet.

Durch diese Implementierung wird folgende Aufteilung erreicht:

- Die von den Startzuständen erreichbaren Zustände werden besonders genau
  geteilt.

- Die dazu angrenzenden Zustände werden weniger genau geteilt.

- Weiter entfernte Zustände werden nicht mit Hilfe der Zustandsabmessungsvergleiche verfeinert.

Die erreichte Zustandsaufteilung ist in Abbildung 4.2 ohne Übergänge und in Abbildung 4.3 inklusive aller Übergänge gezeigt. Man kann erkennen, dass diese Methode
folgende beiden Vorteile verbindet:

1. Die wahrscheinlichen Zustände werden bei der Zustandsaufteilung priorisiert.

2. Es wird der gesamte Zustandsraum betrachtet.

4.2 Eingrenzung des Zustandsraums

Bisher wurde der Zustandsraum in jeder Dimension durch einen oberen und einen
unteren Grenzwert festgelegt. Die Idee hinter diesen Grenzen ist, dass keine Ströme
und keine Spannungen betrachtet werden müssen, die mit den Bauteilen nicht erreicht werden können. Diese Einteilung betrachtet aber nur die einzelnen Bauteile
und nicht das Gesamtsystem.

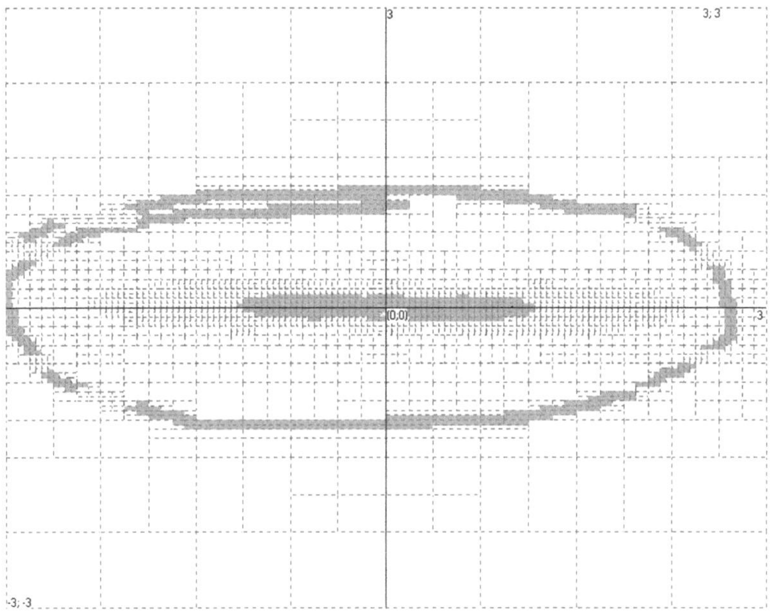

Abbildung 4.2: Adaptiv angepasster Zustandsraum

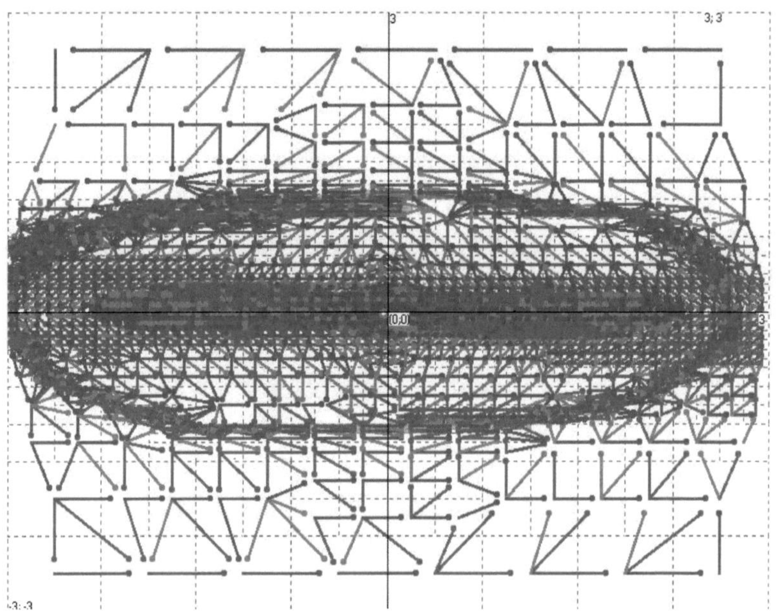

Abbildung 4.3: Adaptiv angepasster Zustandsraum mit Übergängen

In einer Schaltung können ebenfalls ganze Bereiche physikalisch unerreichbar sein, wenn sie nicht als Startpunkt gewählt wurden. Außerdem ist es möglich, dass bestimmte Teile des Zustandsraums für eine Verifikation irrelevant sind. Ein Beispiel hierfür ist der Bereiche in der Nähe des Nullpunktes. Dieser Bereich ist häufig unwichtig wird aber, wie in Abbildung 4.3 ersichtlich, durch viele Zustände dargestellt.

Das Programm wurde erweitert, sodass man die uninteressanten Bereiche von der Zustandsaufteilung ausschleißen kann. Somit wird der Zustandsraum individuell Eingeteilt. In Abbildung 4.4 wird verdeutlicht, wie der uninteressante Bereich um den Nullpunkt aus Abbildung 4.3 ausgespart wird.

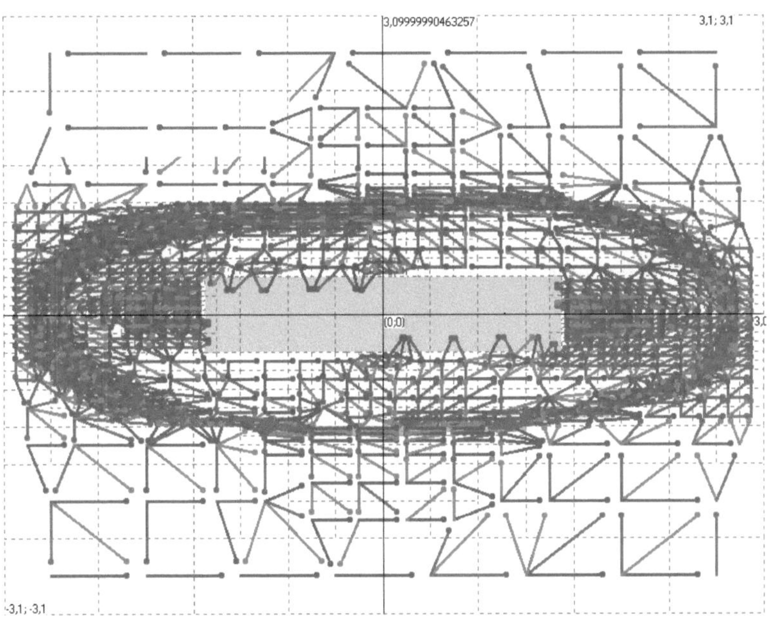

Abbildung 4.4: Eingrenzung des Zustandsraums

5 Optimierung der Speicherorganisation

Zur Optimierung der Speicherorganisation war eine komplette Umstrukturierung der Speicherverwaltung des Programms notwendig. In Kapitel 5.1 wird eine kurze Einführung zur Speicherverwaltung in C++ gegeben, um besser zu verstehen, welche Auswirkungen eine solche Umstrukturierungen hat. Kapitel 5.2 erläutert die anfängliche Speicherverwaltung und Kapitel 5.3 bis 5.5 beschreiben schließlich die Änderungen, die im Programm vorgenommen wurden.

5.1 Einführung in die Speicherverwaltung von C++

Zum besseren Verständnis der folgenden Ausführungen sind zunächst einige grundlegende Bezeichnungen der Speicherverwaltung von C++ zu erläutern. Hierzu gehören die Begriffe

- Struct,
- Stack und Heap,
- Vektoren und Listen.

5.1.1 Structs

Structs sind ein Überbleibsel aus der C Zeit und sind im Prinzip mit C++ Klassen zu vergleichen. Sie verbinden mehrere Variablen verschiedener Typen zu einem neuen Typus. Anders als bei Klassen sind alle Elemente eines Struct immer *public*. Structs werden häufig verwendet um die Eigenschaften eines Elementes zusammenzufassen. Beispielsweise könnte man einen Studenten mit Hilfe folgendes Structs abspeichern.

```cpp
struct Student
{
    int Matrikelnummer;
    char *Name;
    float Notendurchschnitt;
    bool Geschlecht;
    long int Semesterzahl;
};
```

Es ist ebenfalls möglich Structs ineinander zu verschachteln. Als Beispiel kann man hier den Struct einer Vorlesung bilden. Der Struct Student, wird hierbei genutzt, um zu speichern welcher Student auf welchem der Stühle saß.

```cpp
struct Vorlesung
{
    char *Fach;
    double Folien_pro_Sekunde;
    Student Platz[42];
};
```

5.1.2 Stack und Heap

Grundsätzlich sind in C++ zwei Bereiche des Arbeitsspeicher zu unterscheiden, in denen man Speicher reservieren kann. Entweder man alloziert den benötigten Speicher im Stack oder im Heap. Beides sind Bereiche des Arbeitsspeichers, die von den beiden Enden des Speichers aus, aufeinander zu wachsen (vgl. Abbildung 5.1).

Standardmäßig werden in C++ alle Daten im Stack abgelegt. Hierbei wird bei der Deklaration einer Variable so viel Speicher reserviert, wie bei dem angeforderten

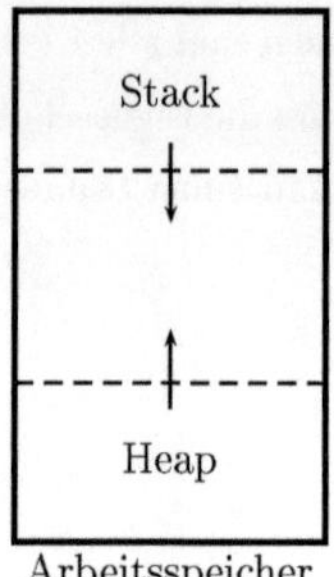

Abbildung 5.1: Die Aufteilung des Arbeitsspeichers

Datentyp maximal gebraucht werden kann. Für den Typ *int* werden beispielsweise 4 Byte alloziert. Dieser Speicher wird automatisch wieder freigegeben, wenn er nicht mehr verwendet wird.

Die Arbeit mit dem Heap ist hingegen bei weitem anspruchsvoller, da nur mit Zeigern operiert wird. Die Fehleranfälligkeit bei der Arbeit mit dem Heap ist höher, da der Programmierer sich um alles selber kümmern muss. So muss der Speicher bei Bedarf angefordert und wieder freigegeben werden. Wenn man bei C++ den Speicher im Heap nicht explizit wieder freigibt, entstehen so genannte Speicherlecks. Diese Speicherlecks belegen Arbeitsspeicher, obwohl das Programm, das den Speicher angefordert hat, nicht mehr darauf zugreifen kann.

Der bedeutende Unterschied zwischen den beiden Methoden ist jedoch, dass man bei der Allokation im Stack schon bei der Kompilierung des Programms wissen muss wie viele Werte man abspeichern will. Arbeitet man hingegen mit dem Heap, kann das Programm noch während der Laufzeit neuen Platz reservieren. Von besonderem Vorteil ist, dass der im Heap verfügbare Speicher weit größer ist. Die Vor- und Nachteile von Stack und Heap werden nochmals in Tabelle 5.1 verdeutlicht.

5.1.3 Vektoren, Listen und die STL

Da bei der Arbeit mit dynamischer Allokation von Speicherplatz viele Fehler auftreten können, wird häufig auf Container, Algorithmen und Iteratoren aus der

Stack	Heap
- statisches Allozieren	+ dynamisches Allozieren möglich
- begrenzter Platz	+ mehr Platz als im Stack
+ schnell	- wesentlich langsamer
+ einfach zu Handhaben	- Fehleranfällig, da komplexer

Tabelle 5.1: Unterschiede zwischen Stack und Heap

Standard Template Library *(STL)* zurückgegriffen. Die C++-STL ist eine Zusammenstellung von Algorithmen, die in C++ geschrieben sind und fest zur Programmiersprache gehören.

Container sind Datenstrukturen, die aus einer bestimmten Anzahl an Objekten des selben Datentyps bestehen (vgl. Abbildung 5.2). Die bekanntesten Container sind *Vektoren* und *Listen*. Beides sind Felder, deren Größe dynamisch angepasst werden kann. Die Unterschiede zwischen Vektoren und Listen wird in Tabelle 5.2 verdeutlicht.

Abbildung 5.2: Container

Iteratoren sind Zeiger auf einen Container und dienen als eine Art Interface, mit deren Hilfe man auf die einzelnen Elemente des Containers zugreifen kann.

Algorithmen sind Manipulationsvorschriften, die auf einen Container angewendet werden können. Die wichtigsten sind:

- Das Einfügen des Elementes X mithilfe von *push_back(X)* am Ende des Containers oder von *push_front(X)* am Anfang des Containers.
- Das Löschen von Elementen mit *pop_back()* oder *pop_front()*.

- Das Löschen aller Elemente durch *clear()*.

- Das Sortieren der Elemente mit *sort()*.

- Das Auslesen der Größe des Containers mit *size()*.

Vektor	Liste
dynamisch wachsendes Array	doppelt verkettete Liste
+ dynamische Größe	+ dynamische Größe
+ random access Zugriff	- kein random access Zugriff
+ schnelles Einfügen und Löschen am Ende	- Sortieren nicht so effizient wie bei Vektoren
- langsames Einfügen und Entfernen in der Mitte des Containers (alle Werte müssen umkopiert werden)	+ schnelles Einfügen und Entfernen ohne, dass Elemente umkopiert werden müssen

Tabelle 5.2: Unterschiede zwischen Vektoren und Listen

5.2 Die Speicherorganisation vor Beginn der Arbeit

Das bestehende Programm wurde bisher immer wieder sukzessive um zusätzliche Funktionen erweitert, wobei immer neue Daten während der Laufzeit gespeichert werden mussten. Der Aspekt der optimalen Speicherorganisation wurde hierbei vernachlässigt, wodurch das Programm zunehmend unübersichtlich wurde.

Um die notwendigen Veränderungen am Programmtext nachvollziehen zu können, wird zunächst auf die derzeitige Verwendung des Arbeitsspeichers eingegangen. Das Programm wurde faktisch komplett ohne dynamische Speicherverwaltung geschrieben. Zu Beginn der Laufzeit wurde Speicherplatz für ein Feld von 10.000 leeren Zuständen inklusive

- aller Pfeile,

- einer oberen Grenze an Übergängen und

- vieler Zwischenwerte

reserviert. Die Größe und Struktur dieses Feldes war im Programmtext festgelegt und konnte während der Laufzeit nicht mehr verändert werden. Während der Erzeugung der Zustände, der Pfeile und der Übergänge wurde das bis dahin leere Feld nacheinander mit den notwendigen Informationen gefüllt.

Beim Start des Programms ist weder bekannt, wie viele Zustände, noch wie viele Übergänge erzeugt werden müssen. Aus diesem Grunde wurde bei der Allokation des Speichers mit oberen Grenzen für den maximal möglichen Verbrauch gearbeitet.

Für die Übergänge wurde beispielsweise folgende Eigenschaft zur Bestimmung der oberen Grenze angewendet:

> *Da jeder Testpfeil höchstens einen Übergang erzeugen kann, können nicht mehr Übergänge entstehen als Testpfeile verwendet werden.*

Folglich wurde für jeden Zustand Platz für so viele Übergänge bereit gehalten, wie auch Testpfeile erzeugt wurden. Diese obere Schranke für die Übergänge erwies sich als sehr ungünstig. Im zweidimensionalen Raum wurden beispielsweise in den meisten Tests nicht mehr als neun Übergänge erzeugt, obwohl aufgrund der hundert Testpfeile Platz für hundert Übergänge pro Zustand alloziert wurde. Es wurde demnach immer mehr Speicher reserviert, als man wirklich benötigte (vgl. Abbildung 5.3). In Kapitel 5.4 wird auf die Lösung dieser Speicherproblematik eingegangen werden.

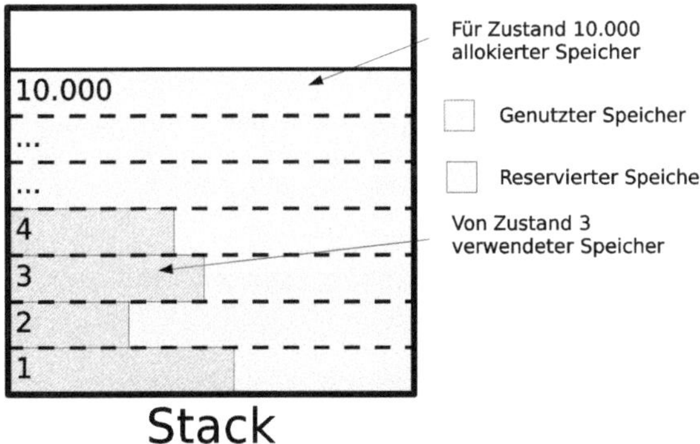

Abbildung 5.3: Verwendung des Stacks

Zusätzlich zu der oben erwähnten Problematik war die Strukturierung des Speichers im Laufe der Entwicklung sehr unübersichtlich geworden. Wenn n die Zahl der Dimensionen ist und *AnzTestpunkte* die Anzahl an Testpunkten ist, hatte jeder Zustand folgende Struktur:

```
/*
   Definition der Struktur der Zeiger:
*/
struct structZeiger {
//Fuer Jede Dimension:
        //Ein Startwert
        float start[n];
        /*
           Frueher wurden zwei verschiedene Zielwerte
           benoetigt. Dies wurde mit der Zeit ein
           laestiges Ueberbleibsel.
        */
        float ziel[n];
        float Ziel[n];
};


/*
Die Struktur eines Zustands
*/
struct structZustand {
        /*
           Grenzen und Mittelpunkt des Zustands
           in jeder Dimension.
        */
        //Ober- und Untergrenze
        float ug[n];
        float og[n];
```

```cpp
//Mittelpunkt
float mittelpkt[n];

/*
  Jeder Zustand benoetigt seinen
  eigenen Zeitfaktor.
*/
float zeitfaktor;

/*
  Die Pfeile:
    Jeder Pfeil enthaelt fuer jede Dimension
    den Start- und den Zielwert (structZeiger).
*/
structZeiger Zeiger[AnzTestpunkte];
//Pfeile konnten ungueltig markiert werden:
int Pfeilgueltigkeit[AnzTestpunkte];

/*
  Fuer die Berechnung der Uebergangszeit
  brauchte man die mittlere Laenge der Pfeile.
*/
float mittlereZeigerlaenge;

/*
  Fuer die Berechnung der Nachfolger
  wurden folgende Zwischenwerte verwendet.
*/
int NachfolgerListe[AnzTestpunkte];
int uebergaengeListe[AnzTestpunkte];
//Menge: Hier Vektor ohne doppelte Eintraege
Menge Nachfolger;
int NachfolgeStack;
```

```
    /*
      Die Uebergaenge benoetigten folgende Werte:
    */
    //Anzahl an Uebergaengen
    int anzahl;
    //Ziel und Wahrscheinlichkeit der  Uebergaenge
    int uebergaenge[AnzTestpunkte][2];
    //Abstand zum Mittelpunkt des Nachfolgezustands
    float mittelpunktsabstand[AnzTestpunkte];
    //Zeit, die fuer einen Uebergang notwendig ist
    float UebergangsZeit[AnzTestpunkte];


    /*
      Verschiedene Markierungen fuer den Zustand:
    */
    bool polstelle;
    bool Markiert[4];
    bool springer[n];
};
```

Zur Optimierung der bisherigen Speicherorganisation wurde die Speicherverwaltung zunächst geordnet, überarbeitet und modularer gestaltet. Später wurde das Programm der Art modifiziert, dass es den Speicher dynamisch und damit im Heap allozieren konnte.

5.3 Umstrukturierung der Felder

Als erster Schritt sollte die Verwaltung des Speichers wieder übersichtlich werden. Hierfür wurden die

- Zeiger,
- Übergänge und

- Zustände

strenger voneinander getrennt und erhielten jeweils ihre eigenen Structs, da sie auch in dem Programm unabhängige Aufgaben haben. Damit war es möglich, dass diese drei Gruppen später getrennt voneinander optimiert werden konnten.

Während dieser Umstrukturierung wurden einige Änderungen durchgeführt, die den Speicherverbrauch weiter minimierten. Da nicht alle Änderungen einzeln aufgelistet werden können, werden nur die wichtigsten aufgezählt:

Doppelte Definition von Variablen: Einige Rechenwerte wurden innerhalb des Programms an verschiedenen Stellen in verschiedenen Variablen gespeichert, obwohl eine einzige Variable vollkommen ausreichend gewesen wäre. Durch Elimination solcher mehrfachen Allokationen und Wiederverwendung von Variablen wurde der Speicherverbrauch reduziert.

Speicherung temporärer Variablen: Bisher wurden in dem Programm viele Zwischenwerte gespeichert, obwohl sie nur für eine einzige spätere Rechnung notwendig waren. Der Geschwindigkeitsgewinn durch diese Speicherung war praktisch unmerklich, jedoch wurde an manchen Stellen eine erhebliche Menge an Speicher benötigt. Durch Umstrukturierung der Schleifen war es möglich die voneinander abhängigen Rechnungen näher aneinander zu bringen und die Zwischenwerte in einem einzigen temporärem Feld, anstatt wie bisher in 10.000 eigenständigen persistenten Feldern zu speichern, was den Speicherbedarf stark reduzierte.

Speicherung der Zeiger für jeden Zustand: Während der Erzeugung der Zustände wurden ebenfalls immer gleichzeitig die notwendigen Zeiger erzeugt, da sie für die Entscheidung über die Teilung der Zustände ausschlaggebend sind. Bisher wurden diese Zeiger innerhalb der Zustände gespeichert, weil sie zur Berechnung der Übergänge ebenfalls notwendig waren. Für jeden Zustand wurden somit bei 40 Zeigern für jede Dimension 80 float-Werte[1] gespeichert.

Da die Zeiger durch die „Reorganisation" nun nicht mehr an die einzelnen Zustände gebunden waren, konnte überlegt werden, ob man sie nicht auch als temporäre Variablen behandeln konnte. Es wurde getestet, wie viele Zustände

---

[1]Für jeden Zeiger und jede Dimension wird ein Start- und ein Zielwert benötigt.

mehr erzeugt werden können, wenn die Pfeile nicht gespeichert, sondern bei Bedarf neu erzeugt werden.

Es zeigte sich, dass 50% mehr Zustände erzeugt werden konnten und gleichzeitig das Programm praktisch die selbe Prozessorzeit benötigte. Dies hängt stark damit zusammen, dass die Zeiger bei der Berechnung der Übergänge aufgrund eines ungünstigen Zeitfaktors fast immer mehrere Male neu berechnet werden mussten. Außerdem konnten durch die Umstellung mehrere verschachtelte Schleifen optimiert werden.[2]

Die graphische Ausgabe des Programms wurde bei der Darstellung der Pfeile ebenfalls langsamer, da die Pfeile hier nochmal neu berechnet werden mussten. Da aber die VHDL-Datei zu diesem Zeitpunkt schon erstellt ist und die graphische Darstellung der Pfeile standardmäßig deaktiviert ist, wurde diese Zeit nicht in die Vergleiche miteinbezogen.

5.4 Einführung einer dynamischen Speicherverwaltung

Aufgrund der strengen Trennung von Zuständen, Übergängen und Zeigern konnte bereits die Speicherung der Zeiger optimiert werden. Weiterhin sollten gleichfalls die Übergänge und die Zustände weniger Speicher verbrauchen. Für dieses Ziel ist eine dynamische Allokation der Variablen notwendig.

Hierfür wurde die komplette Speicherverwaltung des Programms der Art verändert, dass sowohl die Übergänge als auch die Zustände als Vektoren gespeichert werden. Durch diese Änderungen wird der Speicherplatz im Heap alloziert. Außerdem belegen die Zustände und die Übergänge nur noch so viel Speicher wie auch wirklich zur Laufzeit benötigt wird.

Da die Beschreibung der kompletten Umstrukturierung des Programms die Grenzen dieser Arbeit sprengen würde, werden im Folgenden einige wenige Veränderungen

---

[2]Erstaunlicherweise war das Programm in einigen Tests schneller als zuvor, obwohl die Pfeile neu berechnet werden mussten.

beschrieben, durch die die weiteren Änderungen ebenfalls nachvollzogen werden können.

Bisher konnte ein neuer Zustand mit neuen Werten gefüllt werden, da die Struktur dieses Zustands schon im Speicher reserviert war. Die wichtigen Werte, die für jeden neuen Zustand gleich sein sollen, wurden schon bei der Initialisierung in alle Zustände des Feldes geschrieben. Wenn jedoch mit dynamischer Allokation gearbeitet wird, müssen bei jeder neuen Reservierung die „Standardwerte" neu geschrieben werden.

Um das erste Element des Struct Zustand in dem Container Vektor abzulegen, wird folgender Programmtext verwendet:

```
{
/*
  Erzeugung eines temporaeren Zustands
*/
structZustand tmpZustand;

/*
  Fuellen des temporaeren Zustands mit den
  Standarsdwerten
*/
tmpZustand.zeitfaktor=1;
tmpZustand.mittlereZeigerlaenge=0;
tmpZustand.polstelle=0;
tmpZustand.Markiert[0]=0;
tmpZustand.Markiert[1]=0;
tmpZustand.Markiert[2]=0;
tmpZustand.Markiert[3]=0;
tmpZustand.UebergDateiPos=0;
tmpZustand.Nachbarn.push_back(0);
tmpZustand.uninteressant=0;

for (int d=0; d<n; d++){
```

```
        tmpZustand.ug[d]=  Zustandsraumgrenze[0][d];
        tmpZustand.og[d]=  Zustandsraumgrenze[1][d];
        tmpZustand.mittelpkt[d]=  0.5*
    ( Zustandsraumgrenze[0][d] + Zustandsraumgrenze[1][d] );
        tmpZustand.springer[d]=0;
}


/*
  Einfuegen  des  temporaeren  Zustandes
  in  den  Vektor
*|
Zustand.push_back( tmpZustand );
}
```

Da der Speicherbedarf des Programms während der Laufzeit ansteigt, kann es vorkommen, dass kein Platz mehr zur Verfügung steht, um einen neuen Zustand zu erzeugen. In solchen Fällen meldet das System eine *bad_alloc*-Exception. In C++ ist es möglich diese Meldung abzufangen und auf sie zu reagieren. Um dies zu erreichen verwendet man die Befehle *try* und *catch*. Der folgende Programmtext ist ein Beispiel für das Kopieren eines Zustandes inklusive des eventuellen Abfangens einer *bad_alloc*-Exception.

```
/*
  Versuche....
*/
try {
    /*
       ...den Zustand s zu kopieren.
    */
    Zustand.push_back( Zustand[s] );
}
/*
  Fange die Meldung bad_alloc ab...
*/
```

```
catch(bad_alloc){
    /*
        ... und mache folgendes:
    */
    cerr<<"Konnte_Zustand_nicht_mittig_teilen"<< endl;
    /*
        Der hier weggelassene Programmtext macht Sicher-
        heitshalber die letzten 1.000 Teilungen rueck-
        gaengig um genuegend Speicher fuer folgende
        Rechnungen zu haben. Ausserdem sorgt er dafuer,
        dass keine weiteren Teilungen mehr stattfinden.
    */
}
```

Wenn das Programm folglich keinen weiteren Speicher mehr reservieren kann, gibt es Speicher frei und bricht die Zustandsaufteilung ab. Es wurde dafür gesorgt, dass selbst bei einem solchen Abbruch der Zustandsaufteilung eine sinnvolle Einteilung zurückbleibt. Hierfür wird die Teilung jetzt nach dem First-In-Last-Out-Prinzip abgearbeitet. Ein frisch geteilter Zustand wird erst dann wieder geprüft, wenn auch alle anderen Zustände in der Liste, ebenfalls geprüft wurden.

In diesem Stadium der Arbeit zeigten Tests, dass durch die Gesamtheit der oben beschriebenen Änderungen und vieler kleinerer Anpassungen nicht mehr nur 10.000 Zustände sondern etwas mehr als 4,2 Millionen Zustände erzeugt werden konnten.

5.5 Auslagerung der Übergänge in eine Datei

Die Anzahl von 4,2 Millionen möglichen Zuständen stellte sich jedoch bei einigen Tests als trügerisch heraus. Nach der Erzeugung der Zustände brach das Programm häufig bei der Erzeugung der Übergänge ab, da es an die Grenzen des Arbeitsspeichers stieß. Dies ist besonders nachteilhaft, da es häufig erst nach mehreren Stunden Rechenzeit geschah.

Um dieses Problem zu umgehen sollten einige Teile der Daten auf die Festplatte auslagert werden. Da die Festplatte im Vergleich zum Arbeitsspeicher sehr langsam ist, musste überlegt werden welche Daten sinnvoll ausgelagert werden können. Günstige Eigenschaften für eine Auslagerung sind:

- Die Daten werden geordnet erzeugt.

- Die Daten werden nicht oder nur selten verändert.

- Die Daten werden nur selten verwendet.

Da die Pfeile immer neu erzeugt werden und auch die Zustände sich häufig verändern, blieben nur noch die Übergänge übrig. Folgende Eigenschaften begünstigten diese Entscheidung:

- Die Übergänge werden nacheinander erzeugt.

- Wenn ein Übergang erzeugt wurde, wird er nicht mehr verändert.

- Die Übergänge werden erst wieder für die Erzeugung der VHDL-Datei verwendet.

Zum Auslagern der Übergänge wurden alle wichtigen Werte hintereinander in eine Datei geschrieben. Damit man einem Zustand die zu ihm gehörenden Übergänge wieder zuordnen konnte, wurde in ihm nur noch ein Pointer auf diese Datei gespeichert. An der Stelle auf die der Pointer zeigt, steht wie viele Übergänge der Zustand hat. Mit diesen Informationen kann man für jeden Zustand alle seine Übergänge auslesen (vgl. Abbildung 5.4).

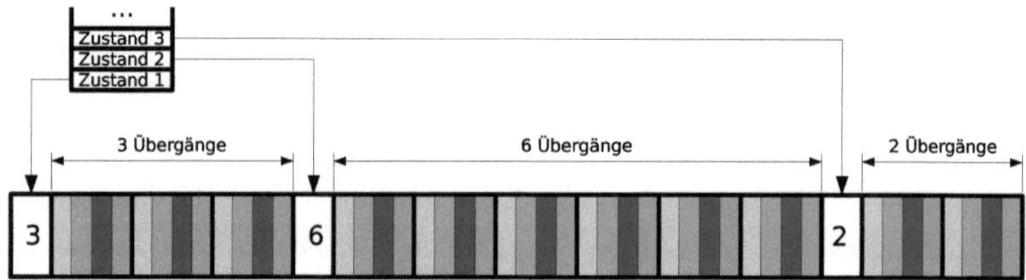

Abbildung 5.4: Speicherung der Übergänge

Jedes Mal, wenn von einem Zustand die Übergänge gebraucht werden, muss jetzt das Programm ein temporäres Feld erzeugen und es mit den ausgelesenen Daten aus der Datei auffüllen.

Durch diese Änderung wird nach der Erzeugung der Zustände praktisch kein weiterer Arbeitsspeicher mehr benötigt um die Übergänge zu speichern. Da die Zustandserzeugung relativ früh abgeschlossen ist, kann man schnell absehen, ob das Programm mit dem verfügbaren Arbeitsspeicher auskommen wird.

5.6 Die neue Speicherorganisation

Die verbesserte Speicherorganisation ist jetzt übersichtlicher und besser an die Bedürfnisse des Programms angepasst. In verkürzter Form haben die Structs folgenden Aufbau:

```
/*
   Ein Zeiger
*/
struct structZeiger {
    double Start[n];
    double Ziel[n];
};


struct structUebergang {
    int uebergaenge[2];     //Ziel und Wahrsch.
    float UebergangsZeit;
    float mittelpunktsabstand;
};


struct structZustand {
    float ug[n];
    float og[n];
    float mittelpkt[n];
```

```cpp
    float zeitfaktor;
    float mittlereZeigerlaenge;
    vector<int> Nachbarn;
    bool polstelle;
    bool uninteressant;
    /*
       Sprungstelle in die Uebergaenge-Datei
    */
    unsigned long int UebergDateiPos;
};
```

6 Optimierung der Rechenzeit

Nachdem der Speicherverbrauch drastisch verringert wurde, stellte sich nun das Problem, dass das Programm sehr viel Rechenzeit benötigte, um das geforderte VHDL-Modell zu erzeugen. Im Folgenden werden die notwendigen Veränderungen am Programmcode zur nun anstehenden Optimierung der Rechenzeit an einem ausgewählten Beispiel verdeutlicht.

Als Beispiel dient ein Schaltkreis, der im Verlauf der Arbeit häufig zu Testzwecken herangezogen wurde. Es handelt sich hierbei um einen Kreis mit zwei Kondensatoren und zwei Widerständen, dem künstlich eine weitere Dimension hinzugefügt wurde. Obwohl dies keinem realen Schaltkreis mehr entspricht, wurde es häufig zum Debuggen verwendet, da

- der zugrunde liegende Schaltkreis schon früher getestet wurde und fehlerfrei war.

- durch die zusätzliche Dimension mehr Zustände erzeugt werden konnten ohne die Zustandsmindestgröße unnötig klein machen zu müssen.[1]

- die zusätzliche Dimension so gewählt wurde, dass die zweidimensionale graphische Ausgabe weiterhin sinnvolle Bilder erzeugte (vgl. Abbildung 6.1).

Für dieses Beispiel erzeugt das Programm 358.317 Zustände und benötigte zu Beginn der Optimierung eine Prozessorzeit von 47,7 Stunden.

Da das Programm bisher noch nie bezüglich seiner Rechenzeit untersucht wurde, waren viele Stellen im Code suboptimal programmiert. Im folgenden Kapitel wird einzeln auf diese Stellen eingegangen und die jeweiligen Verbesserungen beschrieben.

---

[1]Dies würde in der graphischen Ausgabe die Fehlersuche erschweren.

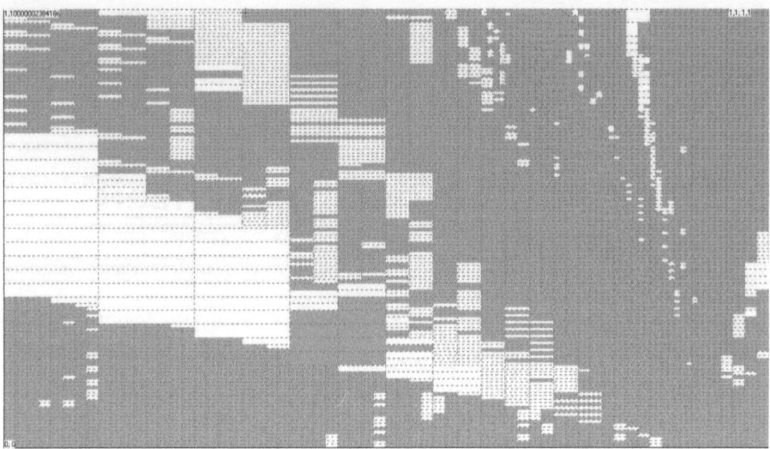

Abbildung 6.1: Zustandsraum des Debug-Beispiels

6.1 Frühe Anpassung des Zeitfaktors

Bei der Übergangsberechnung wurde bisher immer geprüft, ob der erzeugte Übergang einen Zustand überspringen würde. In solchen Fällen wurde davon ausgegangen, dass die Zeit, die der Berechnung der Zeiger zugrunde lag, zu lang ist. Um ein Überspringen von Zuständen zu vermeiden, wurden dann

1. die bisher berechneten Übergänge aus diesem Zustand verworfen,

2. der Zeitfaktor des Ausgangszustands um einen festgelegten Faktor verkleinert und

3. die Berechnung der Übergänge für diesen Zustand erneut durchgeführt.

Es zeigte sich, dass durch die Zustandsaufteilung einige Zustände im Vergleich zu den Pfeillängen sehr klein geworden sind und in Folge sehr viele der oben genannten Anpassungen durchgeführt werden mussten. Hierfür wurde unnötig Rechenzeit in Anspruch genommen, da bei jeder Anpassung die Berechnung der Testpfeile und die dadurch resultierende Prüfung auf Nachbarschaft wiederholt wurde.

Um dies zu vermeiden sollte der Zeitfaktor schon zu einem früheren Zeitpunkt angepasst werden. Hierfür wurde bei der Teilung der Zustände ein weiterer Test eingeführt: Wenn durch die Teilung des Zustands ein Zeiger in einer Dimension d länger als der eigene Zustand ist, wurde der Zeitfaktor des Zustands um den Faktor f verkürzt. Dieser Faktor f sollte von dem Verhältnis

$$g = \frac{\text{mittlere Pfeillänge in Dimension } d}{\text{Zustandsabmessung in Dimension } d}$$

abhängig sein und sollte folgende Eigenschaften aufweisen:

- Für $g \approx 1$, soll praktisch keine Anpassung stattfinden ($f \approx 1$).

- Der Faktor f sollte für steigendes g stetig fallen.

- Für große g sollten die Pfeillängen maximal auf die doppelte Zustandsabmessung verkürzt werden ($f \cdot g \approx 2$).

In Abbildung 6.2 kann man erkennen, dass der Faktor

$$f = \frac{2}{e^{-0.9*(g-1)+g}}$$

alle diese Eigenschaften erfüllt. Durch die Verwendung dieser Anpassung ist es gelungen das Beispiel anstatt in 47,7 in 33 Stunden zu berechnen, was einer Verbesserung um 30% entspricht.

6.2 Optimierungen der Nachbarschaftsprüfung

Da das Programm einen Großteil der Rechenzeit für die Erzeugung der Übergänge verwendete, wurde dieser Teil besonders intensiv auf Optimierungsmöglichkeiten hin untersucht. Hauptaugenmerk wurde hierbei auf die Prüfung der Nachbarschaft[2] gelegt, da zu diesem Zweck viele Schleifen ineinander verschachtelt sind.

6.2.1 Optimierung der Schleifen

Der erste Schritt einer verbesserten Nachbarschaftsprüfung lag in einer Optimierung der verwendeten Schleifen. Hierzu wurden einige dieser Schleifen mithilfe lo-

---

[2]Um ein physikalisch korrektes Verhalten zu gewährleisten, prüft das Programm während der Übergangsbestimmung, ob die beteiligten Zustände nebeneinander liegen.

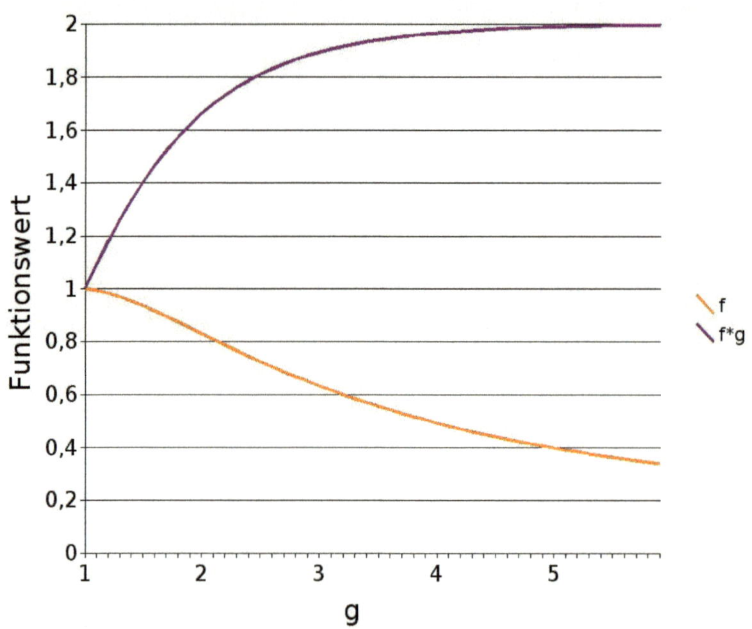

Abbildung 6.2: Verhalten des Faktors f abhängig von g

gischer Tests um Abbruchkriterien erweitert. Diese Schleifen sollten nicht mehr komplett bearbeitet werden, wenn ein Ergebnis schon zu einen frühen Zeitpunkt eindeutig vorhersagbar ist.

Wenn beispielsweise zwei Zustände schon bezüglich einer einzigen Dimension keine Nachbarn sind, kann man die Prüfung aller weiteren Dimensionen verwerfen, da keine Nachbarschaft mehr möglich ist.

Ein anderes Beispiel für eine Optimierung der Schleifen war eine ungünstige Reihenfolge bei der Berechnung der Übergänge. Der bisherige Ablauf wird in Abbildung 6.3 verdeutlicht. Die einzelnen Schritte können folgendermaßen beschrieben werden:

- Aus der Menge der Zustände Z wurden alle möglichen Zustandspaare $Z_A \in Z$ und $Z_B \in Z - Z_A$ betrachtet.

- Bei jeder Betrachtung wurde jeder Pfeil aus Z_A dahin überprüft, ob er in Z_B landet.

- War das der Fall, wurden die beiden Zustände auf Nachbarschaft geprüft.

- Falls die Zustände keine Nachbarn waren, trat ein „Überspringen" auf und der Zeitfaktor von Z_A musste angepasst werden.

- Dies bewirkte eine Neuberechnung der Pfeile und ein Wiederholen der Übergangsberechnung für Zustand Z_A.

Dieser Ablauf hat zwei Nachteile. Einerseits sind die Schleifen ineinander verschränkt, was den Programmtext unnötig kompliziert macht und andererseits werden viele unnötige Rechenschritte durchgeführt. Selbst wenn Zustand Z_A und Zustand Z_B keine Nachbarn sind, werden unter Umständen dennoch alle Pfeile aus Z_A überprüft.

Im modifizierten Programm wurde die Nachbarschaftsprüfung vorgezogen, wodurch nur noch dann die Pfeile aus Z_A geprüft werden, wenn dies sinnvoll ist. Der neue Ablauf wird in Abbildung 6.4 dargestellt und hat folgende Grundstruktur:

- Zuerst wird die Nachbarschaft von Z_A und Z_B überprüft.

- Nur bei Nachbarschaft, wird geprüft wie viele Pfeile aus Z_A in Z_B landen.

- Ein „übersprungener Zustand" zeigte sich dadurch, dass nicht alle Pfeile aus Z_A verwendet wurden.

6.2.2 Optimierungen bei der Berechnung der Nachbarschaft

Durch Beobachtungen konnte man feststellen, dass aufgrund der Veränderung der Zeitfaktoren die Nachbarschaften wiederholt berechnet wurden und dies einen beachtlichen Anteil der Rechenzeit ausmachte. Aus diesem Grunde wurde speziell dieser Teil versucht zu optimieren, da hier das größte Einsparpotential vermutet werden konnte.

6.2.2.1 Zwischenspeicherung von Ergebnissen bei der Berechnung von Nachbarschaftsverhältnissen

Da die Neuberechnung aufgrund eines ungünstigen Zeitfaktors relativ häufig stattfand, wurde das Programm der Art erweitert, dass es die Ergebnisse der Nachbarschaftsprüfung in einem Feld Z_B^i zwischenspeichert. Durch diese Zwischenspeicherung konnte die Berechnung der Nachbarschaft für die wiederholte Betrachtung von Zustand Z_A komplett weggelassen werden.

Die oben beschriebenen Maßnahmen verkürzten die Rechenzeit für das Standard-Beispiel auf 147 Minuten. Dies entspricht nur noch 5,1% der zuvor benötigten Rechenzeit. Der hierfür zusätzlich verwendete Speicherplatz ist minimal, da das Feld Z_B^i für jeden Zustand Z_A wiederverwendet werden kann.

6.2.2.2 Berechnung der Nachbarschaft während der Aufteilung des Zustandsraums

Der bisherige Ansatz erlaubte es große Beispiele in annehmbarer Zeit zu berechnen. Weitere Tests zeigten aber, dass die für die Übergangsbestimmung benötigte Rechenzeit dennoch annähernd quadratisch von der Anzahl an erzeugten Zuständen abhing.

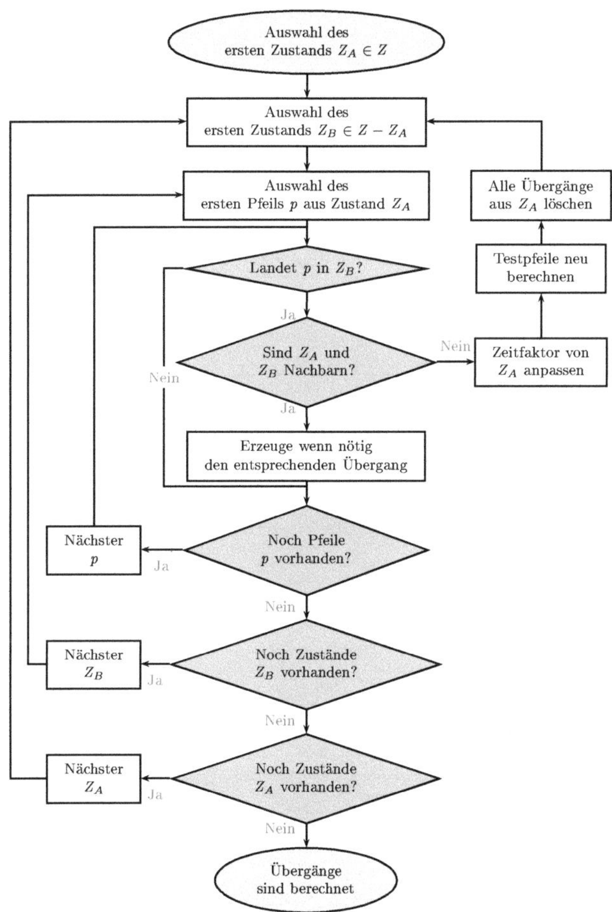

Abbildung 6.3: Ablauf der Übergangsberechnung (vorher)

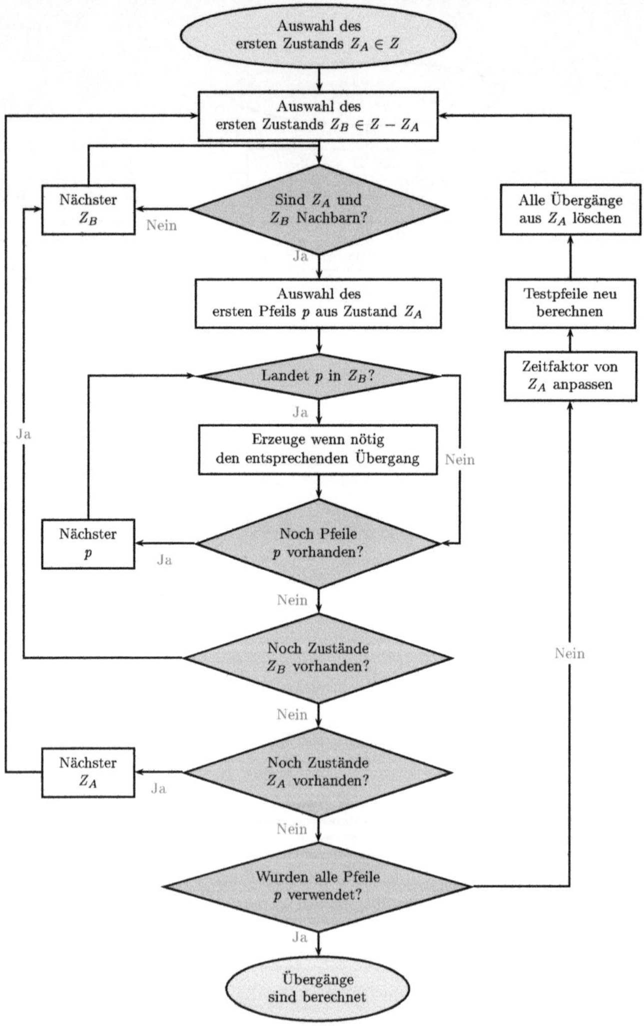

Abbildung 6.4: Ablauf der Übergangsberechnung (optimiert)

Eine Erklärung hierfür findet sich wieder bei der Berechnung der Übergänge. Da beim ersten Durchlauf immer noch alle Paare an Zuständen Z_A und Z_B auf Nachbarschaft untersucht wurden, waren hierfür bei n erzeugten Zuständen bisher $\frac{n \cdot (n-1)}{2}$ Schleifendurchläufe notwendig. Um dies zu umgehen sollte untersucht werden, ob man aus den Zustandsinformationen die potentiellen Nachbarn ermitteln kann.

Da die Zustandsaufteilung nur vom Systemverhalten der Schaltung abhängig ist, stellte sich heraus, dass es nach der Teilung nicht mehr möglich ist aus der Nummer des Zustands Rückschlüsse auf dessen Position zu ziehen. Ohne solche Informationen ist es jedoch unmöglich durch logische Tests die Rechenzeit bei der Nachbarschaftssuche einzugrenzen.

Aufgrund dieser Tatsache sollten die Nachbarschaftsbeziehungen schon bei der Teilung der Zustände ermittelt werden. Die gefundenen Nachbarn müssen dann für die spätere Verwendung in den Zuständen abgespeichert werden. Da dies zu einem Mehrverbrauch an Speicher führt und damit die maximale Zahl an Zuständen abnimmt, wurde diese Funktion so programmiert, dass sie optional zuschaltbar ist.

Um diese Funktion zu implementieren, wurde die Zustandsraumaufteilung untersucht. Die Einteilung der Zustände erfolgt dadurch, dass ein bereits vorhandener Zustand in der Mitte geteilt wird. Einer der neuen Zustände erhält die ID-Nummer des Ausgangszustands und der andere wird mit einer neuen ID hinzugefügt (vgl. Abbildung 6.5). Dadurch kann man sich bei der Nachbarschaftsbetrachtung einige Eigenschaften zu Nutze machen:

- Der Ausgangszustand und der neue Zustand sind Nachbarn.

- Der Ausgangszustand kann ansonsten keine neuen Nachbarn bekommen.

- Der Ausgangszustand kann aber Nachbarn verlieren.

- Der neue Zustand kann nur Nachbarn gewinnen, die zuvor Nachbarn des Ausgangszustands waren.

- Die Nachbarschaftsbeziehungen sind immer symmetrisch. Wenn ein Zustand A den Zustand B als Nachbar gewinnt/verliert, gilt das Entsprechende ebenfalls andersherum.

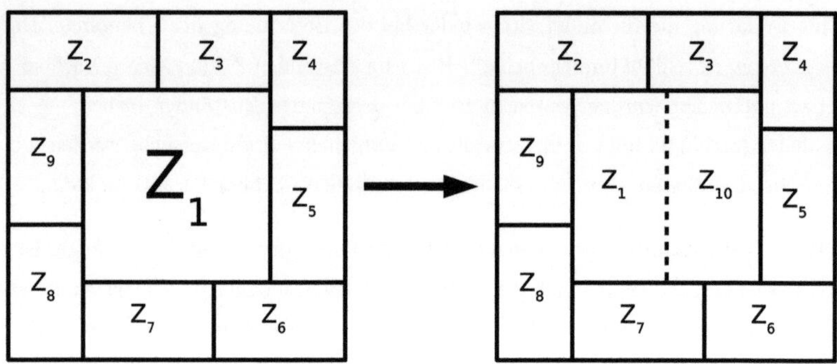

Abbildung 6.5: Teilung eines Zustands

In Abbildung 6.5 wird verdeutlicht, wie ein Zustand Z_1 in die Zustände Z_1 und Z_{10} geteilt wird. Die Zustände, die vor der Teilung Nachbarn des Zustands Z_1 waren, müssen nach der Teilung prüfen

- ob sie weiterhin mit Z_1 benachbart sind und

- ob sie Nachbarn des neu entstanden Zustands Z_{10} geworden sind.

Somit werden für jeden neuen Zustand

$$2 * \text{Anzahl der Nachbarn des Ausgangszustands}$$

Rechenschritte durchgeführt.

Sei r_n die geschätzte durchschnittliche Zahl an Nachbarn eines Zustands in einem Raum mit n Zuständen, so kann die Anzahl der Rechenschritte zur Berechnung der Nachbarschaft bei n Zuständen mit

$$2 \cdot \sum_{x=1}^{n} r_x \leq 2 \cdot r_n \cdot n$$

geschätzt werden.[3] Der Wert r_n hängt von n ab, aber bei größeren n nur in einem so geringen Maße, dass die Rechenzeit für die Nachbarschaftsbeziehung annähernd linear von der Zustandsanzahl abhängig ist. Durch diese Modifikationen konnte das Beispiel mit 358.317 Zuständen in unter fünf Minuten berechnet werden.

---

[3] Hierbei wird angenommen, dass $r_n \leq r_{n+1}$ gilt.

6.3 Speicherung der Endergebnisse in einer Datei

Trotz der Erfolge bei der Optimierung der Rechenzeit dauerten einige Berechnungen sehr lange. Bisher war es nicht möglich die Ergebnisse zu speichern und später wieder aufzurufen. Wenn das Programm geschlossen wurde, waren alle Zustände, Übergänge und Nachbarschaftsbeziehungen verloren.

Um dies zu vermeiden, wurde das Programm der Art erweitert, dass es alle Ergebnisse bei Bedarf in die Datei „Speicher.vas" und „uebergaenge.ueb" schreiben konnte. Wenn das Beispiel später wieder betrachtet werden sollte, können diese Dateien innerhalb weniger Minuten zurück in den Speicher geschrieben werden.

Da in dem Programm weiterhin einige Werte fest einkompiliert werden, ist für jedes Beispiel ein eigener *Betracher* zu kompilieren. Dies erreicht man, indem man im Programmtext die Variable **Dateieinlesen** folgendermaßen setzt.

Dateieinlesen=0: Es wird das normale Programm erstellt, das die Ergebnisse in der Datei Speicher.vas und uebergaenge.ueb abspeichert.

Dateieinlesen=1: Es wird der Betrachter kompiliert, der die oben genannten Dateien einliest.

7 Fazit

Das Programm wurde von Grund auf überarbeitet. Die hiermit erreichten Ergebnisse haben alle zuvor gesetzten Erwartungen übertoffen. Besonders hervorzuheben sind folgende Erfolge:

1. Alle gesetzten Ziele wurden erreicht.

2. Die maximale Anzahl an Zuständen wurde stark genug erweitert, dass auch größere Schaltkreise in ein VHDL-Modell übertragen werden können.

3. Das Standard-Beispiel, das früher knapp zwei Tage CPU-Zeit benötigte, kann jetzt in unter drei Minuten berechnet werden.

4. In den letzten Tests war es sogar möglich ein Modell mit 6,5 Millionen Zuständen in 91 Minuten zu erzeugen (siehe Abbildung 7.1).

-55-

Abbildung 7.1: Zustandsraum mit 6,5 Millionen Zuständen

Literaturverzeichnis

[1] EHRENFRIED, A.: Beschleunigungstechniken bei der Verifikation von Analogschaltungen mit Bounded Model Checking. In: *ANALOG'06*, 2006, S. 197 – 202

[2] FREHSE, G. ; KROGH, B. H. ; RUTENBAR, R. A. ; MALER, O.: Time Domain Verification of Oscillator Circuit Properties. (2006)

[3] HARTONG, W. ; HEDRICH, L. ; BARKE, E.: An Approach to Model Checking for Nonlinear Analog Systems. In: *Design, Automation and Test in Europe (DATE)*, 2002, S. 1080

[4] HARTONG, W. ; HEDRICH, L. ; BARKE, E.: On Discrete Modeling and Model Checking for Nonlinear Analog Systems. In: *CAV '02, Proceedings of the 14th International Conference on Computer Aided Verification*. London, UK : Springer-Verlag, 2002. – ISBN 3–540–43997–8, S. 401 – 413

[5] HOLZBAUR, C. *Erweiterung der Simulation um die formale Verifikation von Schaltungen mit analogen und gemischt analog/digitalen Eingangssignalen.* Studienarbeit. 2006

[6] MYERS, C. J. ; HARRISON, R. R. ; WALTER, D. W. ; SEEGMILLER, N. ; LITTLE, S.: The Case for Analog Circuit Verification. In: *Electronic Notes in Theoretical Computer Science (ENTCS)* 153 (2006), Juni, Nr. 3, S. 53 – 56

[7] SCHOLZ, D.: *Ansätze zur semi-symbolischen Verifikation analoger Schaltungen unter Verwendung affiner Arithmetik*, TU-Darmstadt, Diplomarbeit, 2005

Anhang

A Die Beispiel-Dateien

Das Programm ist der Art konzipiert worden, dass möglichst einfach verschiedene Beispiele berechenbar sind ohne den Programmtext unnötig häufig verändern zu müssen. Um ein neues Beispiel einzuführen, ist es zunächst notwendig zwei Dateien zu erzeugen und diese dann in das Programm einzubinden.

Die erste Datei soll die Endung *.Rechnung haben und beinhaltet die Berechnung der Testpfeile. Für den ungedämpften Schwingkreis aus Abbildung A.1 sieht diese Datei folgendermaßen aus:

```
u1 = Zeiger[tp].Start[0];
iL1 = Zeiger[tp].Start[1];
Zeiger[tp].Ziel[0] = (u1-(dt*iL1)/C1);
Zeiger[tp].Ziel[1] = (iL1 + (dt*u1)/L1);
```

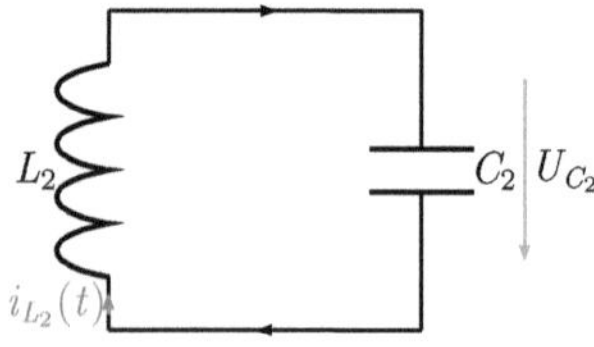

Abbildung A.1: Schaltung eines ungedämpften Schwingkreises

Da jedes Beispiel sehr viele unterschiedliche Einstellungen besitzt, werden diese in einer Datei mit der Endung *.Parameter gebündelt. Die wichtigsten Einstellungen sollen an dieser Stelle nochmals erläutert werden.

Grenzwahrscheinlichkeit (float): Bei der Berechnung von einem Startpunkt aus, werden solange Übergänge als Nachfolger gewählt, bis diese Grenzwahrscheinlichkeit erreicht wird.

Zustandsmindestgroesse (float): Wenn ein Zustand durch eine Teilung kleiner als dieser Wert werden würde, wird er nicht geteilt.

Zustandverhaeltnisfaktor (float): Wenn der Winkel der Pfeile und die Abmessungen des Zustands mehr als diesen Faktor voneinander abweichen, wird der Zustand geteilt. Diese Funktion kann man komplett deaktivieren, indem man Zustandverhaeltnisfaktor$= -1$ setzt.

Version (int): Hiermit entscheidet man, welche der Zustandsverhältnissvergleiche durchgeführt werden sollen

- Version$= 0$: Vergleich der Zeigerwinkel mit den Zustandsabmessungen.
- Version$= 1$: Vergleich der Zeigerlängen mit den Zustandsabmessungen.
- Version$= 2$: Wie Version$= 1$, es wird aber beim Teilen eine zufällige Dimension gewählt.
- Version$= 3$: Es werden beide Vergleiche durchgeführt.

maxZeigerlaengenVerhaeltnis (float): Das maximale Verhältnis der Pfeillängen untereinander. Bei einem größeren Verhältnis wird der Zustand geteilt. Um die Funktion komplett auszuschalten muss dieser Wert gleich null gesetzt werden.

maxZeigerrichtungsAbstand (float): Das maximale Verhältnis der Pfeilwinkel untereinander. Mit Winkel ist hierbei der Abstand der Pfeilenden auf einem gedachten Einheitskreis gemeint. Mögliche Werte sind:

$$
\begin{aligned}
2 &\mathrel{\widehat{=}} 180° \\
1.414 &\mathrel{\widehat{=}} 90° \\
0.75 &\mathrel{\widehat{=}} 45° \\
0.25 &\mathrel{\widehat{=}} 15° \\
0.085 &\mathrel{\widehat{=}} 5° \\
0.0174 &\mathrel{\widehat{=}} 1°
\end{aligned}
$$

Werte größer als 2 schalten den Vergleich aus.

adaptiv (int): Hiermit wird bestimmt, ob und wie die Zustandsaufteilung von einem Startpunkt aus verfeinert wird:

- adaptiv= 0 schaltet die adaptive Zustandsaufteilung aus.

- adaptiv= 1 bewirkt, dass von einem Startpunkt aus der Zustandsraum verfeinert wird.

- adaptiv= 3 wirkt wie adaptiv= 2, es werden jedoch danach nochmal alle Zustände betrachtet.

Um beispielsweise alle Zustandsaufteilungen – ausgenommen der Initialteilung – zu deaktivieren, sind folgende Einstellungen vorzunehmen:

- Zustandverhaeltnisfaktor= −1;

- maxZeigerlaengenVerhaeltnis= 0;

- maxZeigerrichtungsAbstand= 3.